LIÇÕES DA HISTÓRIA

EDGAR MORIN

LIÇÕES DA HISTÓRIA

Tradução de Juremir Machado da Silva

L&PM EDITORES

Texto de acordo com a nova ortografia.
Título original: *Y a-t-il des leçons de l'Histoire?*

Tradução: Juremir Machado da Silva
Capa: Ivan Pinheiro Machado
Preparação: Luiza Gressler
Revisão: Mariana Donner da Costa

CIP-Brasil. Catalogação na publicação
Sindicato Nacional dos Editores de Livros, RJ.

M85L

Morin, Edgar, 1921-
Lições da História / Edgar Morin; tradução Juremir Machado da Silva. – 1. ed. – Porto Alegre [RS]: L&PM, 2025.
104 p. ; 21 cm.

Tradução de: *Y a-t-il des leçons de l'Histoire?*
ISBN 978-65-5666-601-3

1. História - Filosofia. I. Silva, Juremir Machado da. II. Título.

25-99619.0 CDD: 901
CDU: 930.1

Gabriela Faray Ferreira Lopes - Bibliotecária - CRB-7/6643

Rua Comendador Coruja, 314, loja 9 – Floresta – 90.220-180
Porto Alegre – RS – Brasil / Fone: 51.3225.5777

PEDIDOS & DEPTO. COMERCIAL: vendas@lpm.com.br
FALE CONOSCO: info@lpm.com.br
www.lpm.com.br

Impresso no Brasil
Inverno de 2025

Sumário

Introdução

"Se à verdadeira História tudo interessa,
o verdadeiro historiador se interessa por tudo."

Com essas palavras, em *Os miseráveis*, Victor Hugo indica que a História se nutre de conhecimentos tirados de todas as disciplinas, especialmente das ciências humanas, de narrativas como as memórias e os romances, e até mesmo das ciências naturais – assim, as variações do clima podem ter uma incidência capital sobre os acontecimentos históricos.

A aprendizagem da História, quando eu era estudante universitário, desempenhou um papel determinante na minha maneira de pensar e o que escrevi sempre foi historicizado. No transcorrer do século XX que vivi, a questão das lições da História não parou de ocupar a minha mente, terminando por amadurecer neste livro.

LIÇÕES DA HISTÓRIA

Primeira lição

O resultado de uma ação pode ser o contrário da intenção original

Foi o meu mestre Georges Lefebvre, professor de história da Revolução Francesa na Sorbonne, quem me deu esta lição em meu primeiro ano na universidade, em 1940.

Para recuperar um poder perdido sob o reinado de Luís XIV, quando se tornou vassala, a aristocracia acionou o processo que levou à convocação dos Estados Gerais pelo rei Luís XVI, pressionado pela crise econômica. Até então essa assembleia de três ordens havia sido sempre favorável à união da nobreza e do clero em detrimento do Terceiro

Estado. Ora, desde o começo dos Estados Gerais,* em maio de 1789, os deputados do Terceiro Estado conseguiram que os votos fossem contados por cabeça e não por ordem. Tendo maioria entre os eleitos, em 17 de junho de 1789, o Terceiro Estado declarou-se Assembleia Nacional e a Revolução começou.

A aristocracia perdeu o poder que desejava recuperar e Luís XVI, por sua vez, com uma reforma financeira, perdeu tudo.

---

* A convocação dos "Estados Gerais" de 1789, com as três "ordens" constitutivas do reino, clero, nobreza e "terceiro estado", foi a primeira depois de 1614. Cabia exclusivamente ao rei decidir pela convocação. Eleitos os representantes, as votações davam-se por ordem (um voto para cada ordem). Clero e nobreza em aliança formavam maioria. O "terceiro estado", representando 97% da população, reivindicou que as votações se dessem por cabeça (cada deputado um voto). O rei recusou. A reação do "terceiro estado" foi de conclamar as outras ordens para uma ação comum. Assim, em 17 de junho de 1789, os "Estados Gerais" foram transformados em Assembleia Nacional, o que seria reconhecido pelo rei em 5 de outubro daquele ano. A composição da Assembleia Nacional autoproclamada era a seguinte: Clero, 308 deputados (25,7%); nobreza, 290 (24,2%); terceiro estado, 598 (50%). Em relação ao voto popular, contudo, a república nascida da revolução adotaria o voto censitário. (N.T.)

Fiquei deslumbrado ao descobrir, graças a Lefebvre, que o resultado de uma ação pode ser contrário à intenção que a provocou.

Essa ideia se tornou fundamental para mim: eu a batizei mais tarde de "ecologia da ação", a fim de indicar que o curso de uma ação depende também do seu contexto ou do meio em que ocorre e das inter-retroações produzidas.

Essa lição também pode ser confirmada tanto no plano pessoal quanto político, econômico ou militar. E claro que isso encontra muitos exemplos ao longo da História, das invasões medas, no século V antes da nossa era, quando o enorme império persa falhou na tentativa de dominar a pequena cidade-Estado de Atenas, onde puderam, desde então, florescer democracia e filosofia, até o fracasso do projeto hitlerista de conquistar a Europa eslava.

Segunda lição

Não há observação válida sem auto-observação

Na universidade eu acompanhava também as aulas de economia de Gaëtan Pirou e lia os polígrafos de François Perroux, da faculdade de direito, assim como os de André Siegfried, na Sciences Po, e de sociologia, de Maurice Halbwachs, na Sorbonne. Mas me lembro especialmente do curso de Georges Lefebvre, consagrado às histórias da Revolução escritas no século XIX e no começo do século XX.

O professor demonstrava que os historiadores pensavam a Revolução em função dos problemas e ideias do tempo deles. François Guizot preocupava-se principalmente com a incapacidade da Revolução de resultar numa monarquia constitucional. Jules Michelet, inimigo da monarquia e favorável à revolução de 1848, fez da Revolução Francesa a primeira história republicana tendo o povo como herói. Alphonse Aulard, sob a parlamentarista III República, concentrou-se nos aspectos parlamentares da Revolução Francesa. Albert Mathiez, socialista radical que se tornou comunista, exaltava a pessoa de Robespierre e o Comitê de Salvação Pública.

Continuei a confirmar esse princípio depois da lição de Georges Lefebvre: com a desestalinização, o ex-comunista François Furet rejeitou a versão jacobina da história da Revolução e questionou sua necessidade histórica.

Assim, em vez de dominar a História a partir de um trono supratemporal, cada historiador deve ser considerado no seu contexto histórico. Essa lição se tornou capital para mim e válida para todo acadêmico, todo filósofo, todo pensador. Mais tarde, ampliei essa ideia com a fórmula: "Não há observação válida sem auto-observação". O observador deve simultaneamente autoanalisar-se e situar-se.

Nunca esqueci as duas lições de História que me foram ensinadas por Georges Lefebvre. São duas lições de complexidade. Uma mostra que toda ação num meio fora de controle ou aleatório está submetida a forças que podem desviá-la do seu objetivo; a outra mostra que tudo deve ser contextualizado e historicizado, inclusive aquele que contextualiza e o historiador.

Esse foi o principal ganho do meu ano passado na Sorbonne, que terminou quando, ameaçado pela Wehrmacht, troquei Paris por Toulouse.

Terceira lição

O improvável pode acontecer

Na universidade de Toulouse, em 1941, eu fazia o curso de um professor de história antiga muito interessante: André Aymard. Sob a influência das suas aulas, comecei a refletir sobre a resistência de Atenas às invasões persas e, depois, sobre a tomada de Atenas por Filipe da Macedônia.

O que me espantou inicialmente foi o incrível e improvável triunfo de Atenas, pequena pólis grega, diante da invasão pelo gigantesco Império Persa, numa primeira vitória, em Maratona, em 490 antes da nossa era. Depois, Atenas triunfou novamente quando da segunda invasão meda, dez anos mais tarde, numa última vitória naval em Salamina, onde a frota persa foi destruída.

Todas as probabilidades indicavam que Atenas deveria ser engolida, como foram as cidades gregas da Ásia Menor, pelo todo-poderoso e gigantesco Império Persa. Se Atenas tivesse sido vencida, não teria acontecido, cinquenta anos mais tarde, a instauração da democracia e o florescimento da filosofia socrática, platônica, aristotélica, ou seja, das fontes da cultura europeia. Entendi, de maneira irresistível, que, em vez do provável, o improvável poderia acontecer.

Em 339 antes da nossa era, Filipe da Macedônia venceu a coalizão das cidades gregas e Atenas caiu sob o jugo macedônio. Ora, foi a partir desse desastre para a democracia grega que seu filho, Alexandre, o Grande, no transcorrer das suas conquistas, disseminou a cultura helenística por uma grande parte da Ásia e do Egito.

A filosofia grega espalhou-se e implantou-se especialmente no Egito (em Alexandria), na Sicília e na Campânia. Daí decorre o duplo caráter da queda de Atenas: negativo, do ponto de vista democrático, mas positivo pela difusão da cultura grega.

Foi a minha primeira grande descoberta das ambivalências que caracterizam, com frequência, os grandes acontecimentos históricos.

Quarta lição

As causas dos acontecimentos históricos são sempre múltiplas e interligadas

André Aymard deu outro curso que me impressionou. Era sobre a queda do Império Romano. Eu pensava, conforme o senso comum, que as invasões bárbaras haviam causado o desabamento do império do Ocidente. Aymard nos ensinou que, se as invasões haviam desempenhado um papel destruidor, existiam também fatores internos na queda: crises e golpes de Estado, o esgotamento da mão de obra escrava na *Pax Romana*, a incapacidade de Roma para desenvolver uma forma capitalista, a generalização da servidão. A queda de Roma vinha da confluência de causas internas e externas.

Ainda hoje inúmeras teorias muito diferentes se enfrentam, inclusive uma teoria climática, mas entendo que foi uma conjunção complexa de múltiplos fatores que resultou no episódio final, em setembro de 476: a renúncia do último imperador romano do Ocidente. Entre todas essas teses, merece atenção, pela complexidade, a de Montesquieu. Para ele, as razões da grandeza e da decadência de Roma são as mesmas, ou seja, remetem à expansão desmedida do Estado.

Esse entrecruzamento de causas diversas constitui uma das realidades históricas mais impressionantes.

Ao longo da minha existência, tenho sido observador atento da História sendo escrita durante a Segunda Guerra Mundial, a guerra da Argélia, a guerra da Iugoslávia, as guerras americanas no Iraque, Líbia, Afeganistão e, enfim, enquanto escrevo, as guerras da Ucrânia e de Gaza.

Quantos episódios inesperados, ou imprevisíveis, nestes últimos cem anos: o Pacto Germano-Soviético de 1939 entre dois inimigos aparentemente irredutíveis, a resistência de Moscou e a contraofensiva libertadora, em dezembro de 1941, a batalha de Stalingrado, em 1942, o relatório Kruschev, o *putsch* dos generais da Argélia, em 1958, o retorno de Charles de Gaulle ao poder, o terrorismo islâmico etc.

Ora, a lembrança desses acontecimentos inesperados e surpreendentes atenua-se com o tempo. As causas que permitem explicá-los são reveladas aos poucos. A fixação de uma causalidade a posteriori leva com frequência a uma forma de racionalização. Acaba-se por esquecer a irracionalidade dos fanáticos da Al-Qaeda na destruição dos dois gigantescos edifícios do World Trade Center, reduzindo-se tudo a uma guerra de civilizações.

Quinta lição

Os mitos exercem grande influência na História

As religiões mostram-nos a que ponto o imaginário e o mito podem comandar ou controlar a História. A exemplo do cristianismo e do islamismo, que se tornaram majoritários em número de fiéis, as religiões, presentes em todas as sociedades, são protagonistas da História.

Cristianismo, um terço da humanidade

Como se sabe, os judeus cristãos, discípulos de Jesus, foram perseguidos e até executados pela

Sinagoga. Outros fugiram para a Arábia. Saulo, um dos opressores, foi iluminado pela aparição de Cristo no caminho de Damasco. Ele ouviu a voz de Jesus perguntar: "Saulo, Saulo, por que tu me persegues?".

Saulo, convertido em Paulo, funda o cristianismo com a eliminação dos rituais e tabus religiosos judeus, só exigindo uma fé sincera em Jesus e o batismo. Assim, no curso de suas intervenções nas cidades do Império Romano e nas suas epístolas, entre as quais a admirável Epístola aos Coríntios ("se eu tivesse uma fé que me permitisse mover montanhas, mas não tivesse amor, eu nada seria"), ele converteu não apenas judeus, mas também pagãos. O número de cristãos cresceu gradualmente.

Era também a época do florescimento de religiões de mistério, em que um Deus salvador se sacrifica pela salvação dos seus adeptos. Na origem, o cristianismo era minoritário entre essas religiões, perseguido por negar os deuses romanos.

O cristianismo avançou lentamente em todas as classes da sociedade, inclusive entre os escravos (dado o seu caráter universalista), até a conversão do imperador Constantino, em 312, na batalha da ponte Mílvia, tendo sua vitória sido anunciada pela aparição milagrosa de Cristo – "*in hoc signo vinces*".*

O cristianismo não foi apenas reconhecido, mas promulgado religião oficial. Depois, todos os deuses e religiões antigas foram eliminados. Só o judaísmo, também perseguido, foi protegido em Roma pelos papas, para quem os profetas da Bíblia autentificavam a vinda de Cristo.

Jesus e Maria pareciam suavizar um pouco o Deus bíblico, mas a Igreja cedo revelaria, pela perseguição e destruição de todos os outros cultos, assim como pela Inquisição, uma intolerância específica do monoteísmo, que chegou até o século XIX.

Ninguém se espanta hoje que uma pequena heresia do judaísmo tenha se tornado a grande religião do Ocidente e de uma parte colonizada e subjugada por ele, sem que qualquer necessidade histórica o exigisse.

Não há tampouco surpresa com o poder de uma mitologia religiosa que desencadeou as cruzadas, o que levou um imperador a humildemente se submeter a um papa, provocando guerras sangrentas entre religiões saídas de um tronco comum, católicos e protestantes, com a

* "Com este sinal vencerás."

perseguição durante séculos de descrentes, considerados possuídos pelo diabo.

O islamismo e sua deturpação

A criação do islamismo não é menos surpreendente do que a do cristianismo, e não menos inesperada. Foi necessário o exílio na Arábia das tribos judaico-cristãs para que Maomé (570-632) pudesse basear o islamismo na Bíblia (com Abraão e Moisés) e adotar Jesus como profeta. Embora originado do judaico-cristianismo, o islamismo teve o Alcorão como fundamento e as inúmeras revelações divinas feitas pelo arcanjo Gabriel ao profeta Maomé, que, cercado por alguns discípulos, foi expulso da sua cidade, Meca, e refugiou-se em Medina.

Também neste caso uma pequena seita minoritária desenvolveu-se, sobretudo pelo poder das armas, conquistou Meca, depois toda a Arábia, e espalhou-se pelo mundo inteiro.

O islamismo, muitas vezes violento na sua origem e na sua história de conquistas, mostrou-se, contudo, tolerante em relação aos cristãos e aos judeus, cujos cultos aceitou, mas os reduzindo a um escalão inferior de *dhimmis*, uma condição, ao mesmo tempo, discriminada e protegida. Assim, paradoxalmente, o Deus cristão tolerante foi por muito tempo intolerante, enquanto o Deus muçulmano intolerante foi por muito tempo tolerante. Ele voltou a ser extremamente intolerante agora nas suas formas deturpadas: no Irã dos aiatolás, no Afeganistão dos talibãs e um pouco por toda parte com o jihadismo fanático e assassino.

Tendo partido do nada, essas duas religiões tornaram-se predominantes. O cristianismo conta atualmente com 2,5 bilhões de fiéis (um terço da população do mundo) e o islamismo com 1,6 bilhão (um quarto da população mundial).

Metamorfoses do judaísmo

Mais impressionantes ainda são as metamorfoses do judaísmo, a religião do povo hebreu fundada por um mago egípcio, Moisés. A própria Bíblia indica que Moisés, educado na corte do Faraó, casou-se com a filha do grande sacerdote de Midiã, Jethro, e que seus filhos só foram circuncidados tardiamente por intervenção divina. Uma hipótese plausível é que ele era o guardião do segredo religioso de uma família próxima de Akhenaton, o faraó monoteísta que impôs, durante o seu reinado, o culto único ao Deus Sol. Moisés, incapaz de impor sua convicção no Egito, teria escolhido o pequeno povo hebreu para nele inculcar o culto do Deus único – "Escuta, Israel, Adonai, teu Senhor, é UM".

De acordo com o arqueólogo Israel Finkelstein, em *A Bíblia desenterrada*,* não houve êxodo do povo hebreu para fora do Egito. Este se formou em Canaã. A Bíblia era uma compilação de narrativas e lendas. Isso torna ainda mais surpreendente a presença de Moisés no Egito entre os hebreus, dos quais ele se tornou guia, às vezes, contestado (como no episódio do bezerro de ouro, enquanto recebia as Tábuas da Lei no Monte Sinai).

Seja como for, o povo hebreu eliminou todos os outros deuses e, mesmo vencido, protegeu feroz e até secretamente o culto do seu Deus.

Esse Deus bíblico, que se tornará cristão e depois muçulmano, permanecerá adorado e temido nessas três religiões. Ele tem surtos de fúria quando

---

* FINKELSTEIN, Israel; SILBERMAN, Neil Asher. *A Bíblia desenterrada: a nova visão arqueológica do antigo Israel e das origens dos seus textos sagrados*. Petrópolis: Vozes, 2018.

o gênero humano o decepciona por desobediência ou luxúria. Assim, expulsa Adão e Eva do jardim do Éden; decide extinguir a humanidade corrompida provocando o Dilúvio, só Noé merecendo perdão; destrói as cidades depravadas de Sodoma e Gomorra. Apesar disso, esse Deus aterrorizador é louvado como um deus bondoso.

Integrada ao Império Romano, a Judeia conservou a sua religião monoteísta e monopolista. Os judeus escravizados dividiram-se em tendências: fariseus, saduceus, zelotes, essênios. Os fariseus controlavam a Sinagoga e eram os representantes da religião mosaica junto aos romanos. Jesus foi crucificado sob pressão deles, e foi a intolerância dos mesmos que causou a perseguição e a fuga judaico-cristã na Arábia, episódio que está na origem da mitologia bíblica do islamismo.

Contudo, esses hebreus perseguidores de qualquer outra crença que não a deles foram, por sua vez, perseguidos, ao longo dos séculos, depois do triunfo do cristianismo, acusados de deicídio por ter provocado a morte de Jesus, relegados em guetos e a profissões de segunda categoria como as de sapateiros ou alfaiates. Por emprestar dinheiro a juros, sob proibição da Igreja, os judeus passaram a ser considerados agiotas. Durante centenas de anos sofreram acusações grotescas (sacrificar crianças cristãs para beber o sangue delas durante a Páscoa judaica) ou ultrajantes (uma minoria que praticava o comércio de dinheiro enquanto a massa de judeus era miserável ou pobre).

Mais tarde, quando das primeiras emancipações dos povos, sob influência do Iluminismo, os nacionalismos provocaram um novo antijudaísmo na sequência do antigo, mas baseado na ideia de raça. Enquanto a Alemanha e a Inglaterra viam-se como originadas da nobre raça ariana e a França dizia-se gaulesa, os judeus constituíam para os antissemitas uma raça parasita infame e predadora. Um racismo propriamente francês desenvolveu-se a partir de escritos de Édouard Drumont e Charles Maurras, culminando no caso do capitão Dreyfus, considerado traidor por ser judeu. O racismo, ao qual se opôs eficazmente na França um universalismo humanista democrático, triunfou, em 1933, na Alemanha hitlerista, o que levou à decisão de eliminar todos os judeus da Europa, primeiro sob a forma de deportações massivas para Madagascar e depois, após a primeira derrota de Hitler – em dezembro-janeiro de 1941 – na frente de combate de Moscou, sob a forma de deportações para a morte (decretadas durante a conferência de Wannsee, em 20 de janeiro de 1942) em campos construídos especificamente para o extermínio. As deportações para Auschwitz-Birkenau começaram na primavera de 1942. Raul Hilberg, autor de *A destruição dos judeus europeus*, estima o número total de vítimas do holocausto nazista em 5 a 6 milhões de pessoas, sendo 2,5 milhões só em Auschwitz-Birkenau.

Entretanto, na virada do século XX, o antissemitismo desencadeado pelo caso Dreyfus levou o austro-húngaro Theodor Herzl a abandonar qualquer esperança de integração dos judeus às nações e a lançar a ideia do sionismo como refúgio, ou pátria, dos judeus rejeitados por toda parte. A implantação de imigrantes judeus, especialmente russos e ucranianos, na Palestina árabe começou antes da Primeira Guerra Mundial, no curso da qual lorde Arthur Balfour reconheceu o direito dos judeus a gozar um dia de um lar nacional.

A despeito da vontade de certos judeus instalados na Palestina de manter boas relações com os árabes do país, desenvolveu-se, particularmente durante o protetorado inglês na Palestina, um duplo antagonismo, um entre judeus e árabes, e o outro, travado separadamente por judeus e árabes, contra o ocupante inglês. Os atentados multiplicaram-se de parte a parte até que o mandato inglês chegasse ao fim, em maio de 1948, e que fosse proclamado um Estado de Israel com fronteiras definidas pela ONU.

Os Estados árabes vizinhos esforçaram-se então para eliminar o Estado judeu pela guerra, em 1948 e 1949. Israel saiu vencedor e ampliou seu território. Mais de 350 mil palestinos fugiram ou foram expulsos ao mesmo tempo em que se agravava a situação dos judeus nos países árabes, provocando a emigração de mais de 600 mil para Israel. Mais tarde, depois da Guerra dos Seis Dias, em 1967, a Cisjordânia e Jerusalém Oriental, a península do Sinai, as colinas de Golan e a Faixa de Gaza passaram ao controle israelense. Setecentos e cinquenta mil palestinos foram, por sua vez, expulsos das suas terras. Atualmente, Israel ainda ocupa a Cisjordânia, Jerusalém Oriental, Golan e a Faixa de Gaza. Em 2023, o Alto Comissariado das Nações Unidas para os Direitos Humanos constatou que 700 mil colonos israelenses viviam ilegalmente na Cisjordânia e em Jerusalém Oriental.

Em 7 de outubro de 2023, o ataque terrorista do Hamas fez mais de 1.200 mortos israelenses (entre os quais cerca de 850 civis). A resposta israelense contra Gaza causou a morte de mais de 40 mil palestinos (civis e membros do Hamas).

Assim, por uma nova reviravolta da História, o povo que mais sofreu perseguições, ofensas, massacres e, por fim, foi vítima de um empreendimento de extermínio que, sem a derrota alemã, teria alcançado êxito, esse povo perseguido tornou-se uma nação dominadora, colonizadora e perseguidora.

O futuro é sombrio e incerto, e ninguém saberia nos dizer se os judeus de Israel serão cada vez mais dominadores e perseguidores, se uma pressão externa suficiente forte poderia fazê-los desistir da colonização ou, ainda, se, por uma reviravolta inesperada da História, serão novamente vítimas e perseguidos.

O futuro de Israel é bastante incerto. Por um lado, o Estado é fortemente apoiado pelos Estados Unidos e pelos países europeus ocidentais, beneficiando-se também da solidariedade política, moral e financeira de parte importante da diáspora judaica no mundo. Israel é o bastião do Ocidente, sua fortaleza no seio do mundo árabe. Por outro lado, uma eventual decadência dos Estados Unidos, uma crise europeia, o retorno da hostilidade do mundo árabe e mesmo um conflito nuclear poderiam fragilizar, ou até ameaçar, sua existência. A realidade de Israel perseguidor não elimina a possibilidade da volta do perseguido. Assim, Israel não está isolado, pois agora faz parte do Ocidente, mas é isolado por ser uma vanguarda solitária no Oriente.

Reencontramos aqui o problema fundamental da incerteza em relação ao futuro. Quem poderia adivinhar, um milênio antes da nossa era, o que aconteceria com a posteridade do povo hebreu?

Outra lição a tirar dessa história é que não basta ser perseguido para não se tornar perseguidor. Essa é uma verdade geral: podemos aplicá-la à Sérvia que, perseguida no Império Otomano, perseguiu os bósnios; aos nigerianos que, vítimas da colonização inglesa, mantiveram subjugados, depois da sua independência, o povo do Biafra; às colônias espanholas da América Latina que, antes mesmo de emancipadas da metrópole, mostraram-se dominadoras, perseguidoras, destruidoras dos povos e culturas pré-colombianas.

Sexta lição

O inacreditável destino da Revolução Russa

Meu último exemplo de triunfo inesperado e do papel capital do mito na História é o da revolução de outubro de 1917 na Rússia.

As chances da revolução eram de alta improbabilidade. O desastre dos exércitos russos, a destituição do tsar e a instalação do governo social-democrata de Alexander Kerenski não conseguiram evitar o caos. Em 1917, o partido bolchevique era um pequeno grupo minoritário. Os bolcheviques tinham a convicção marxista de que a revolução proletária só podia acontecer num sistema capitalista desenvolvido e, no caso da Rússia, somente depois da revolução burguesa.

Ora, Lênin, de retorno do exílio, considerou que a guerra mundial em curso colocaria em crise todo o mundo capitalista e que a missão bolchevique era tomar o poder no Império Russo para explodir o elo mais fraco do capitalismo mundial e ajudar o proletariado ocidental – alemão, inglês, francês – a fazer a própria revolução. Nas "Teses de abril" de 1917, Lênin sustentou, para grande surpresa dos seus pares do Birô Político, que a missão do bolchevismo era tomar o poder. Levou tempo para ele convencer seus colegas, mas sua eloquência levou a melhor. A revolução bolchevique não obedeceu assim a qualquer determinismo histórico, mas apenas à genial e louca intuição de Vladimir Ilitch.

Parecia provável em 1917 e 1918 que ela fosse batida pelas revoltas dos generais rebeldes apoiados pelo Ocidente. Mas o gênio estratégico do chefe militar improvisado da revolução, Leon Trótski, a desunião dos inimigos, o entusiasmo feroz dos revolucionários e as operações do terror vermelho levaram à vitória dos bolcheviques e à instauração da URSS, que substituiu o império tsarista.

O fracasso humano e moral do socialismo como sociedade igualitária e fraterna, patente desde o começo da URSS, foi totalmente mascarado pela ideologia. Depois, o seu considerável sucesso econômico na industrialização, sob o comando de Stalin, não impediu o fracasso no plano agrícola. Essencial é que todo o humanismo socialista e comunista se viu esmagado por um regime que se tornou totalitário, policial e incapaz de promover a igualdade. A realidade da URSS mostrou-se bem diferente daquela proclamada pela sua ideologia. A ditadura do proletariado foi, de fato, uma ditadura tentacular do Partido.

O comunismo soviético, que causou tantas mortes, com sua crueldade e suas mentiras, sustentado por uma força industrial, militar e nuclear, parecia invulnerável e capaz de durar para sempre.

Segunda vitória do inesperado: em 1991, o regime desabou por si mesmo, depois de setenta anos de poder, e cedeu lugar a um capitalismo que superava o eliminado em 1917 e a uma prática religiosa, embora reprimida pelo regime, mais forte do que nunca. Em resumo, um fracasso histórico total. Porém, depois de um curto intervalo, a Rússia recaiu num despotismo herdado, ao mesmo tempo, do tsarismo e do stalinismo.

Mais uma vez se confirma a ecologia da ação pela qual intenções desencadeiam processos que resultam no contrário do imaginado.

SÉTIMA LIÇÃO

A nação é uma invenção recente

Pensemos também no nascimento das nações. A nação é atualmente um fenômeno universal e evidente: a Terra é povoada de nações. Contudo, a nação nasceu tardiamente na História e de modo singular na Europa ocidental na transição da Idade Média para os tempos modernos.

A nação espanhola ganhou consistência com a união de Castela e Aragão e com a conquista da Andaluzia, que esteve durante muito tempo ocupada pelos mouros.

A nação francesa constituiu-se por casamentos reais e anexações numa lenta integração, provincializando as diversas etnias da Bretanha, Lorena, Languedoc, Provença etc. Integração em grande parte realizada e celebrada na grande festa da Federação, em 14 de julho de 1790.

A nação inglesa desenvolveu-se na sua insularidade pela integração dos saxões e dos normandos. As nações alemãs e italianas formaram-se mais tarde, no século XIX, na luta pela unificação, reunindo Estados até então distintos.

A nação russa formou-se na resistência a oeste contra os escandinavos e os teutônicos e a leste contra os tártaros, num lento processo que foi acelerado por Pedro, o Grande, e Catarina da Rússia e, enfim, pela resistência à invasão francesa de Napoleão.

As nações da Sérvia e, depois, da Iugoslávia, Bulgária e Turquia formaram-se no século XX a partir da desintegração do Império Otomano. Enquanto as nações euro-ocidentais eram multiétnicas por um lento processo histórico de integração, as nações euro-orientais conservaram-se monoétnicas, até mesmo monorreligiosas, o que levaria aos conflitos que provocaram a guerra da Iugoslávia, com as separações da Sérvia, da Croácia e da Bósnia.

As nações da Áustria, Hungria e Tchecoslováquia formaram-se depois de 1918 pela dissolução do Império Austro-Húngaro.

Enfim, os povos colonizados da África e da Ásia emanciparam-se dos seus colonizadores por meio de movimentos nacionalistas que produziram na África inúmeras nações (fragmentação estimulada pelos colonizadores) e na Ásia o Vietnã, a Tailândia e o Camboja.

Uma parte dos povos emancipados, depois da dissolução da URSS, formou ou se reformou em nações: Geórgia, Armênia, Azerbaijão, Uzbequistão etc.

Enquanto na antiguidade o planeta era formado sobretudo por impérios e cidades, o desenvolvimento do Ocidente europeu deu origem à nação, cuja fórmula foi ampliada por três nações-império que dominam o mundo e controlam, ou até mesmo escravizam, povos: China, Rússia e Estados Unidos.

Isso se tornou obstáculo a qualquer possibilidade de confederação planetária integrando as nações numa Terra-Pátria.

Atualmente, no próprio âmago da globalização, as nações, inclusive as imperiais, são realidades fortes e coerentes de sociedades humanas. Quem poderia pensar, do aparecimento das nações, no começo do século XV, até o início do século XX, em tal expansão universal?

OITAVA LIÇÃO

A racionalidade da História não passa muitas vezes de uma racionalização a posteriori

A visão da história apresenta-se tensionada entre duas verdades contraditórias, que poucos historiadores se arriscam a assumir em conjunto: a do aspecto racional dos processos históricos, especialmente econômicos, e a da irracionalidade – *sound and fury** – e do papel destacado dos "grandes homens" que imprimem sua marca pessoal não só sobre o tempo deles, mas na longa duração. Alexandre, o

* "*Life [...] is a tale / Told you by an idiot, full of sound and fury, / Signifying nothing.*" ("A vida é uma história contada por um idiota, cheia de som e de fúria, sem sentido algum.") William Shakespeare, *Macbeth*, ato 5, cena 5, 1623.

Grande, esmagou o Império Persa, conquistou o Egito e uma parte da Ásia e mudou o mundo antigo com a disseminação da civilização helenística. Podemos também evocar Napoleão, cuja grande carreira começou com a genial primeira campanha da Itália, prosseguiu com o triunfo sobre as monarquias europeias coligadas, com vitórias inesquecíveis, e culminou na campanha da Rússia, cujo fracasso contribuiu para a sua queda.

A tendência racionalizadora afirmou-se especialmente na França com a Escola dos Annales, conduzida por Lucien Febvre, Marc Bloch e depois Fernand Braudel. O mérito dessa escola foi destacar fatores determinantes econômicos, sociais e até mesmo ideológicos. Assim, no seu *Rabelais*,* Lucien Febvre sustenta que, nas condições da sua época, Rabelais não podia ser ateu. Não se pode pensar, contudo, que há sempre uma possibilidade de ateísmo dissimulada em todas as épocas de crença?

O erro dos Annales consistiu em negligenciar o papel dos acontecimentos e das personalidades

---

* FEBVRE, Lucien. *O problema da incredulidade no século XVI: a religião de Rabelais*. São Paulo: Companhia das Letras, 2009.

fortes. Eu fui um propagandista do retorno do acontecimento na História organizando um número da minha revista *Communication* com esse tema. Obtive o apoio de certo número de *annalistas* para minha tese. Sublinhei que o universo físico está submetido a numerosos acontecimentos como colisões de estrelas, formação de buracos negros, e que a história da vida é feita de incontáveis acontecimentos como a formação das espécies e as interações entre os ecossistemas, sendo, portanto, absurdo não levar em consideração os acontecimentos da história humana, não menos numerosos do que no mundo físico e no mundo vivo.

De resto, eu havia me dedicado ao estudo de alguns acontecimentos como o de maio de 1968 ou o boato de Orléans, cuidando para não ocultar nem sua irracionalidade nem as causalidades racionalmente concebíveis.

Eu havia assimilado na minha mente, durante os anos 1960-1970, a concepção de Adorno e Horkheimer que mostrava que a razão podia se tornar instrumento de uma atividade não apenas irracional, mas demente.

Assim, uma organização racional aliada à racionalidade industrial foi colocada a serviço de uma operação de extermínio dos judeus da Europa.

Mais amplamente, a racionalidade das ciências e das tecnologias é posta a serviço das guerras.

A racionalidade da História não está no fato de que ela passa por momentos "razoáveis", mas nos determinismos socioeconômicos que a permeiam. Porém, eles não são todo-poderosos, e a importância do papel que desempenham é, às vezes, difícil de perceber. Assim, para voltar à queda do Império Romano, não é fácil mensurar a importância relativa de suas carências econômicas em relação às crises políticas, militares e às invasões bárbaras.

Sobretudo não se pode esquecer a ideia de que as guerras produzem a História tanto quanto a História produz as guerras.

Pela análise de guerras, devastações e massacres que arrasaram civilizações inteiras desde o começo dos tempos, como fez Gaston Bouthoul no seu *Tratado de polemologia*,* não se pode considerar o som e a fúria como fenômenos marginais, mas,

---

* BOUTHOUL, Gaston. *Traité de polémologie. Sociologie des guerres*. Paris: Payot, 1991.

ao contrário, deve-se reconhecer essa irracionalidade bárbara que se renova sem parar no curso da História.

Com frequência, o que se acreditava ser a racionalidade da História não passava de racionalização a posteriori.

Nona lição

Os destruidores são também, às vezes, os grandes civilizadores

Os bárbaros romanos arrasaram Cartago e Numância, massacraram os coríntios, devastaram a Grécia. Mas, depois de terem assimilado a cultura grega à cultura romana, eles se tornaram grandes civilizadores. Roma tornou-se assim a civilizadora da Gália e do oriente europeu – bizantino depois da queda de Roma.

O poeta latino Horácio escreveu nas suas *Epístolas*, no século I antes da nossa era: "A Grécia vencida conquista seu feroz vencedor". Os romanos desprezavam os gregos, que tinham batido nos campos de batalha, mas admiravam profundamente a cultura deles. Uma invasão pode resultar numa simbiose criadora de uma nova civilização.

A invasão da Gália por Roma criou uma entidade galo-romana, transformada pela invasão dos francos, e depois a formação, a partir de um pequeno reino capeto,* de uma nova civilização, a francesa.

* Os capetos reinaram na França de 987 a 1328. Iniciada com Hugo "Capeto", a dinastia capetiana foi a terceira da França, depois dos merovíngios e dos carolíngios. Entre os reis "capetos" destaca-se a figura de Luís IX, São Luís. (N.T.)

Décima lição

Nada é mais humano e mais desumano do que a guerra

A criação de instrumentos de caça, como lanças e flechas, favoreceu o aspecto sangrento das guerras entre grupos humanos. O *Homo faber* trabalhou para o *Homo demens.*

Essas guerras obedecem a limites e rituais entre os caçadores-coletores. O sedentarismo agrícola fará da colheita dos camponeses uma presa para os nômades predadores. Esses camponeses serão, ao mesmo tempo, protegidos e escravizados por seus dominadores.

A guerra revela os heróis que resistem ao medo, mas também os covardes que cedem. Ela mostra a obediência quase de rebanho das tropas enviadas para a carnificina e, às vezes, a revolta dessas mesmas tropas contra seus chefes.

A educação militar é ela mesma reveladora da parte de robotização imposta ao ser humano. A disciplina, os gestos automatizados da ordem unida, apresentar armas e marchar a passo cadenciado têm por função fazer do soldado um autômato obediente. O mesmo vale para o operário especializado em relação às máquinas, condenado a repetir os mesmos gestos automáticos, como se vê nas paródias geniais feitas por René Clair em *A nós a liberdade* (1931) e Charlie Chaplin em *Tempos modernos* (1936).

Nada é, ao mesmo tempo, mais humano e mais desumano do que a guerra.

DÉCIMA PRIMEIRA LIÇÃO

Um único indivíduo pode mudar o curso da história mundial

A História é uma combinação de forças anônimas, de acontecimentos decisivos e de intervenções não menos determinantes de indivíduos investidos de autoridade: imperadores, chefes, reis, ministros, ou até mesmo rebeldes e regicidas.

Os tempos de crise e as guerras favorecem o surgimento de grandes homens, grandes mulheres ou, ao menos, de personalidades cujas potencialidades (que sem isso permaneceriam latentes) atualizam-se de modo excepcional. Esses grandes personagens, cuja aparição é causada por acontecimentos históricos, causam na sequência acontecimentos históricos. Eles modificam a História como estrategistas geralmente militares ou políticos.

A França é rica em personagens que modificaram sua história. A mais extraordinária é Joana d'Arc. Pastora ou não, ela foi investida por vozes de anjos da missão de salvar a França. A virgem tornou-se cavaleira e comandante de exército. Sem Joana d'Arc, seria possível imaginar a coroação em Reims do pequeno rei de Bourges e a libertação da França do jugo inglês?

Sem a revolução, Robespierre teria continuado a ser um advogado do interior e Saint-Just um autor de poemas eróticos.

Quem, em 1789, poderia pensar que um pequeno tenente do exército real, tornado republicano, viria a ser o general das geniais campanhas da Itália? Quem, mesmo depois dessas vitórias, poderia pensar que esse general corso se tornaria imperador dos franceses e dominaria a Europa durante quinze anos?

Se Churchill não tivesse sido nomeado primeiro-ministro em substituição ao frágil Chamberlain, após a derrota inglesa na Holanda e na Bélgica, o Reino Unido teria provavelmente aceitado as propostas de paz de Hitler, deixando-o tornar-se senhor da Europa. A energia de Churchill o fez continuar na guerra nas piores condições, prometendo ao povo britânico apenas suor, sangue e lágrimas.

A personalidade de Charles de Gaulle não foi três vezes decisiva na história da França? A primeira vez quando ele estimulou a resistência com a convocação de 18 de junho de 1940. Depois, ele a organizou com a criação do Conselho Nacional da Resistência e do Comitê Francês de Libertação Nacional de Argel.

A segunda vez foi quando convenceu os aliados da importância da participação da França junto aos três grandes países responsáveis pela capitulação da Alemanha, em maio de 1945.

A terceira vez foi quando, chamado sob a pressão do *putsch* de Argel, em 1958, ele decidiu, contra a vontade dos generais, negociar a independência da Argélia. Ameaçado por um novo golpe que, se tivesse êxito, submeteria a França a uma ditadura semelhante à de Franco ou a dos coronéis gregos, Charles de Gaulle defendeu a democracia. Finalmente, em vez de se apegar ao poder, em 1969, renunciou depois do fracasso no referendo que ele havia proposto.

Enquanto muitos líderes, reis ou ditadores se deixam arrastar pela megalomania e pelo excesso de húbris, De Gaulle resistiu a todas as tentações da ditadura.

Megalomania, a doença do poder

O exercício do poder sem controle, como aconteceu com reis e tiranos na História, pode estimular as pulsões mais autoritárias e cruéis de quem o desfruta ou, ao contrário, permitir o desenvolvimento de dons e qualidades que sem isso permaneceriam virtuais. A história humana é rica em tiranos e heróis: Augusto, Nero, Calígula e Marco Aurélio são algumas das variações do exercício do poder.

Mas, mesmo se foram poucos, certos líderes eram dotados de sabedoria e temperança, como Péricles ou Marco Aurélio. Em contrapartida, nem Alexandre, nem Napoleão e nem Hitler souberam controlar a megalomania, que é a doença específica do poder. Stalin mandou executar todos os seus companheiros da revolução de outubro e assassinar Trótski no seu exílio no México, apesar de ele ter levado o exército vermelho a triunfar durante a revolução.

O poder absoluto, às vezes, leva ao crime ou à loucura, como nos casos de Nero ou de Calígula, o que é bem ilustrado pela peça de Pedro Calderón de la Barca, *A vida é sonho* (1635), que trata do irresistível poder que transforma um cativo libertado em tirano.

A tendência à divinização dos reis ou líderes é uma das características da megalomania do poder. Faraós e imperadores romanos foram divinizados. Muitos monarcas foram reconhecidos como sendo reis por direito divino, ou seja, consagrados por Deus, como Luís XIV, o imperador da Áustria e o tsar da Rússia.

Mussolini, Stalin, Hitler e Mao organizaram o próprio culto e foram quase divinizados. É preciso enxergar no todo-poderoso líder tanto um gênio criador ou transformador quanto um mitômano e megalômano. Os dois podem coexistir ou se suceder num mesmo personagem.

O líder poderoso carrega em si e realiza em comportamentos e ações as potencialidades antropológicas múltiplas e contraditórias da racionalidade e do delírio, da sabedoria e da loucura, do egocentrismo exacerbado e do altruísmo mais generoso, da crueldade e da magnanimidade.

Uma menção especial deve ser feita aos que libertaram os seus países de uma opressão de que eram executores ou herdeiros. Foi o caso de Gorbatchev, secretário-geral do Partido Comunista, que, apesar das últimas repressões nos países bálticos, foi o artífice do fim de setenta anos de ditadura. Juan Carlos, por sua vez, elevado a rei da Espanha por Franco e destinado a dar continuidade à sua ditadura, instaurou uma democracia que continua a existir.

Anatomia do poder

Uma das lições da História é fazer entender que o poder revela a natureza humana e permite a realização das piores e das melhores potencialidades. Ele autoriza a vingança, as condenações à morte arbitrárias, mas também a magnanimidade e o perdão.

O poder forma e transforma personalidades, que formam e transformam o poder, como Robespierre ao instaurar o Período do Terror, ou Bonaparte ao tornar-se imperador da França.

O poder é frágil nas mãos de personalidades fracas. Ele se torna criador nas mãos de personalidades fortes.

Ele estimula conquistas e guerras. Às vezes, leva a uma vontade implacável de poder, como aconteceu com Gengis Khan, que devastou a Ásia e aniquilou a Babilônia.

Porém, as grandes personalidades despertadas por crises e guerras, elas mesmas produtoras de crises e guerras, terminam, quando se deixam arrastar pela húbris, em desastre e morte.

Acrescentemos que o poder é um ninho de intrigas e de complôs em que se preparam os assassinatos ou golpes de Estado para derrubar o soberano. A sede de poder é uma aspiração obsessiva que pode levar ao crime e à loucura.

O poder pode ser uma fonte de cegueira se quem o detém ignora as situações críticas que seus cortesãos não ousam lhe informar. O poder é também o lugar das grandes decisões, geniais ou estúpidas, que contribuem para a glória ou a queda do soberano, ao triunfo ou ao desastre de uma nação. Foi assim com Napoleão III que, cego por uma intriga de Bismarck (o despacho de Ems, em 1870), declarou guerra à Prússia, o que levou à sua queda e a uma derrota desastrosa da França.

Assim, os grandes homens dão à História não apenas contribuições transformadoras, criativas, destrutivas, mas também inesperadas, que desviam o curso dos acontecimentos e da própria História.

Décima segunda lição

Os heróis e os santos

É também na e através da História que nos aparecem as qualidades excepcionais dos heróis e dos santos.

Os heróis são combatentes particularmente valorosos, como Leônidas nas Termópilas, como o jovem Bara, como tantos *poilus** de 1914-1918, que aceitam as missões mais perigosas, sacrificando-se para salvar os companheiros, ou como os resistentes arriscando a vida todos os dias.

O herói manifesta-se no transcorrer das guerras e das revoluções, os santos manifestam-se na compaixão junto aos miseráveis e aos que sofrem.

* Termo informal utilizado para indicar membros da infantaria francesa da Primeira Guerra Mundial (1914-1918). (N.E.)

Assim, os santos que me interessam não são os reconhecidos como tais pela religião por sua imensa piedade ou pelo martírio sofrido pela fé, mas homens e mulheres, de batina ou não, que dedicam a vida aos outros, em especial aos miseráveis.

Conheci uma santa, a sra. Barré, mãe de meu amigo Henri Luce, mulher inteiramente devotada aos seus, de uma benevolência e de uma generosidade extremas, cuja bondade era reconhecida por todos que a conheciam.

Há santos em todas as nações e todas as culturas. Gandhi, que dedicou a vida aos males do seu povo, foi um santo. Os santos atestam as maiores virtudes humanas – bondade, generosidade, amor pelo outro –, que, em geral, são subutilizadas ou inibidas pelos egoísmos.

Os santos são como testemunhas do melhor da humanidade no caos e nas trevas da História.

Décima terceira lição

Do entusiasmo à revolta é só um passo

Os seres humanos estão sujeitos aos sobressaltos, às turbulências e aos imprevistos da História. Mas eles podem se revoltar e transformar-se no seio do ser coletivo que é a multidão, seja em pânico, em rebelião ou em furor, e tornar-se dementes dentro de uma demência.

As condições históricas de crise ou de guerra são favoráveis a surpreendentes transformações de mentalidade; assim, em 1914, as massas socialistas da França e da Alemanha, pacifistas e internacionalistas, entraram subitamente na belicosa união sagrada das suas respectivas nações. Patriotismo e nacionalismo engoliram o pacifismo e o internacionalismo. Foram necessários quatro anos de massacres e vários milhões de mortos para que se evidenciassem o horror da guerra e a convicção de que a Primeira Guerra Mundial seria "a última das últimas".*

Depois do conflito, a população francesa parecia ter conquistado uma democracia parlamentar. A gigantesca crise econômica de 1929 provocou uma crise política no curso da qual a democracia foi violentamente contestada por uma direita nacionalista (revoltas de 6 de fevereiro de 1934) e depois, por um lado, pelo fascismo no estilo de Mussolini ou pelo nazismo e, por outro lado, pelo comunismo stalinista, que surgiram como opções salvadoras para amplos setores da população.

Se uma maioria de esquerda, formada pela união entre dois ex-inimigos, socialismo e comunismo, conseguiu ganhar as eleições de 1936 e formar um governo de Frente Popular, ela foi abalada e dividida pelos acordos de Munique com a Alemanha nazista. Na sequência, sua aprovação ao Pacto

* Literalmente no texto, como se dizia na época, "*la der des der*", "*la dernière des dernières*", a última das últimas, a última de todas. (N.T.)

Germano-Soviético colocou o Partido Comunista na clandestinidade. Por fim, foi a assembleia derivada da Frente Popular que votou os plenos poderes para o marechal Pétain, que aboliu a república.

"*La donna è mobile*", canta o duque de Mântua na ópera *Rigoletto* de Giuseppe Verdi (1851). *Ma anche l'uomo è mobile.**

Lembremos que a maioria que votava com os socialistas na Itália depois da Primeira Guerra Mundial dissolveu-se sob o impacto do fascismo e que as massas socialistas e comunistas converteram-se em grande parte ao nazismo.

Mussolini e Hitler foram idolatrados durante o período em que dominaram; depois, Mussolini foi morto e seu cadáver ignominiosamente pendurado em ganchos de açougueiro. Hitler suicidou-se no seu bunker, sob o grandioso palácio presidencial que ele mandara construir.

A história das nações mostra que os povos podem, de acordo com suas condições, passar do entusiasmo à revolta e da revolta ao entusiasmo.

* "A mulher é volúvel". Mas o homem também é volúvel.

Décima quarta lição

A realidade histórica do imaginário

O imaginário faz parte da realidade humana, não apenas dos sonhos, acordados ou não, e das artes. Ele alimenta também os mitos e religiões que, como se viu, desempenham um papel histórico determinante.

Todas as sociedades criaram mitos ou devotaram-se a religiões. É preciso, antes de tudo, questionar-se sobre a realidade dos deuses, que são reais para os seus fiéis e infinitamente superiores a eles, exigindo obediência, adoração e que se mate ou morra por eles. Essas criaturas gigantescas, a começar pelo Deus único dos monoteístas, criador e soberano do universo, logo da vida e da humanidade, são, contudo, produtos do espírito humano. Esses produtos da mente humana dela se assenhoram, obrigando-a a obedecer sob pena de morte, de suplício e de danação. Há nisso um paradoxo que nunca vai deixar de me surpreender: que o Criador seja uma criatura do espírito humano.

O Deus único do monoteísmo é exclusivo e excludente por natureza. Ele desencadeia guerras santas por meio dos seus intérpretes, como as do islamismo conquistador, das cruzadas e mesmo entre dois ramos de um tronco comum religioso, protestantes e católicos, sunitas e xiitas.

Esses deuses ciumentos eliminam os ímpios, os apóstatas e seus intérpretes não ortodoxos qualificados de heréticos. A Inquisição torturava judeus convertidos suspeitos de práticas judaicas em segredo e os punia com a fogueira.

Os politeístas reconhecem múltiplos deuses, cada um representando uma força da natureza ou uma paixão humana. Basta citar Vênus para o amor. Os deuses e deusas intrometem-se nas questões humanas e nos seus conflitos, tomando partido nas disputas.

As ideias são, como os deuses, produtos da mente humana, que possuem essas mentes.

Elas são organizadas e organizam o real sob a forma de teorias que, mesmo nas ciências, podem tornar-se dogmáticas, excludentes e autoritárias, e também sob a forma de ideologias, conjuntos de noções obedecendo a uma ideia mestra.

Desempenham um papel tão importante que alguns historiadores defendem que são elas que guiam a História, como a ideologia racial de Hitler ou a ideologia da romanidade do fascismo de Mussolini.

As ideologias escravizam, mas as ideias podem ser emancipadoras, como a trindade republicana: Liberdade, Igualdade, Fraternidade. Entretanto, as palavras podem perder o sentido vital e a força emancipadora, acabando por se entorpecer. Quando isso ocorre, as palavras tornam-se simples biombos. As ideias que deveriam traduzir as realidades servem muitas vezes para mascará-las.

O imaginário intervém sem parar na História. Ele é ativo, mortal nas religiões conquistadoras ou que entram em conflitos, assim como nas mitologias nacionalistas. Não esqueçamos que a noção de pátria é de substância paterna e materna e que a defesa da pátria ou a glória patriótica são poderosos atores históricos.

As cruzadas têm dois motores: o mito e o lucro.

As ideias podem ser tão poderosas quanto os deuses. As ideias de revolução e comunismo, ligadas ao longo do século XX, conquistaram milhões de adeptos, fiéis, servidores e fanáticos, resistindo a todos os desmentidos da realidade por dezenas de anos. Lênin dizia que "os fatos são teimosos",* ignorando que as ideias são ainda mais.

As ideias podem guiar transformações históricas e mesmo estimular as mentes para que realizem ações históricas importantes, até mesmo decisivas. Assim, a ideia de progresso parecia guiar o curso da história ocidental nos séculos XIX e XX.

Não se pode separar a Revolução Francesa do Iluminismo que a precedeu. Grandes escritores como Honoré de Balzac ou Victor Hugo contribuíram para o esclarecimento da história contemporânea da França. Um autor como Soljenítsin desempenhou um papel libertador na URSS.

---

* Vladimir Ilitch Lênin, *Carta aos camaradas*, 1917.

É assim que as ideias e o imaginário atuam, às vezes, na História e com frequência interagem com a História.

Décima quinta lição

O progresso material não vem acompanhado de qualquer progresso moral

A ideia de que o progresso é a lei suprema da História se impôs no século XIX. Ela foi claramente formulada por Condorcet, adotada pelo Ocidente como verdade da História e depois se espalhou pelo mundo.

Se considerarmos o desenvolvimento humano, há, desde a fabricação pré-histórica dos primeiros instrumentos, um progresso técnico, com descontinuidades, incontestável, que se acelera e amplifica do século XIX até hoje, especialmente com a inteligência artificial.

Contudo, o paradoxo está em que não apenas o progresso material não vem acompanhado de qualquer progresso moral, mas também em que incontáveis conhecimentos que se multiplicam permanecem separados e fechados, sem levar a um pensamento capaz de enfrentar os problemas humanos fundamentais.

Muitas tecnologias são usadas em favor da servidão, até mesmo de genocídios, matanças e guerras em que se praticam ainda as maiores crueldades. Foi o progresso científico e tecnológico que possibilitou Auschwitz, Hiroshima, Gaza.

Pensamentos unilaterais, sectários, fanáticos, voltam a ser hegemônicos.

Pode-se, sobretudo, constatar, em 2025, que a humanidade está sendo arrastada para um grande retrocesso por um conjunto de crises ecológicas, políticas, econômicas; é possível se perguntar se o agravamento das guerras leva, se não a uma terceira guerra mundial, ao menos a desastres dos quais o progresso é coautor.

A História, a partir de pequenos grupos arcaicos de caçadores-coletores, progrediu criando sociedades cada vez mais complexas. Ao longo dos séculos, as capacidades científicas, técnicas e econômicas produziram cada vez mais bem-estar e bem-viver para a parte privilegiada das populações.

Mas, fato extraordinário, duas guerras mundiais, massacres massivos, Hiroshima ou fanatismos delirantes só abalaram provisoriamente essa crença no progresso, que se impôs novamente quando dos Trinta Gloriosos.* Essa nova era de desenvolvimento da sociedade de consumo e de bem-estar, reservada a uma parte crescente, mas parcial, da população, criou uma melhora frágil. Uma forma de industrialização da vida operou-se nos programas, na cronometrização, na redução ao econômico de tudo o que é humano, deixando-se de lado a afetividade, a felicidade, a infelicidade, a alegria, a tristeza, ou seja, realidades humanas essenciais.

Progressos tecnológicos incontestáveis são acompanhados de deficiências e carências morais.

Enfim, sempre há ambivalência: o progresso de um setor constitui um retrocesso em outro; as novas qualidades, às vezes, compensam mal as qualidades perdidas.

---

* Expressão consagrada na França para se referir aos trinta anos de desenvolvimento econômico e bonança vividos por países industrializados entre o final da Segunda Guerra Mundial e a crise do petróleo de 1973. (N.T.)

E o progresso moral?

A crença no progresso atenuou-se quando surgiu a consciência de que o progresso científico, tecnológico e econômico tendia para a degradação ecológica do planeta, mas também para a degradação de sociedades e civilizações humanas. Enquanto a aids e a covid revelavam a impotência da ciência para eliminar os vírus, por toda parte grassavam uma crise da democracia e crises de civilização.

Entretanto, é incontestável que avanços científicos e tecnológicos não param, como mostram as manipulações do DNA e de células-tronco na biologia ou os desenvolvimentos exponenciais das ciências do digital.

Enquanto o planeta está entregue a processos regressivos que parecem implacáveis, com a hegemonia do lucro, as degradações ecológicas, as guerras e as múltiplas crises interligadas numa policrise, uma elite tecnocrática californiana ressuscitou e depois globalizou uma crença no progresso baseada no sucesso das ciências. Essa ideologia promete, ao mesmo tempo, a imortalidade, uma sociedade perfeita regulada por inteligência artificial e a continuação da aventura humana em planetas colonizados, a começar pela Lua e por Marte: o trans-humanismo torna-se pós-humanismo.

Parece ainda que só uma minoria privilegiada poderia beneficiar-se do trans-humanismo (embora a imortalidade seja um mito irrealizável num sistema solar e num universo eles mesmos mortais), deixando vegetar, ou até mesmo sendo eliminado, o resto da humanidade.

Mais amplamente, é o próprio progresso que carrega uma mancha sombria ou um buraco negro: não apenas a ausência de qualquer progresso moral no progresso científico-técnico-econômico, mas também enormes retrocessos morais nas crises e guerras, inclusive nas atuais. Fica claro que o verdadeiro progresso de que a humanidade necessita seria o da compreensão humana, da benevolência, da solidariedade, da amizade, sendo que nesse campo só houve avanços parciais e provisórios, num contexto de retrocesso generalizado.

A inteligência e o pensamento estão eles mesmos em crise, como vimos, no reino dos conhecimentos disciplinares separados arbitrariamente, cuja associação permitiria tratar problemas fundamentais e globais com um pensamento complexo.

Em suma, se levamos em consideração a História, todo progresso carrega suas ambiguidades e suas contradições.

Assim, o progresso da agricultura, que substituiu os caçadores-coletores seminômades por camponeses, foi muito útil nas regiões sem caça e permitiu fazer reservas especialmente de arroz, cereais e lentilhas. A agricultura, porém, estava sujeita às incertezas climáticas, por exemplo, durante os períodos de seca, fazendo os camponeses ficarem mais expostos aos imprevistos do que os caçadores-coletores; ela tornou as comunidades agrícolas vulneráveis diante dos saqueadores nômades, como mostra Akira Kurosawa no filme *Os sete samurais* (1954), e, por fim, submetidos aos poderes urbanos, que se desenvolveram alimentando-se com os produtos agrícolas.

A cidade constituiu um enorme progresso que possibilita o desenvolvimento de muitas profissões e tecnologias, do comércio e, depois, da indústria, da água encanada e do conforto.

Fonte de riqueza, mas também de miséria, de poder e de servidão. Foi possível, no começo do século XX, cantar a cidade-luz, mas também lamentar a cidade tentacular.

O progresso carrega o seu lote de ambiguidades e de retrocessos: enfraquecimento das solidariedades e das comunidades em benefício do lucro e do egoísmo.

Décima sexta lição

As guerras são um concentrado de imprevistos e de determinismos

A Primeira Guerra Mundial nasceu de um processo em cadeia a partir do assassinato do arquiduque herdeiro do trono austríaco por um sérvio fanático, em Sarajevo, capital da Bósnia-Herzegovina eslavo-muçulmana, anexada pela Áustria em 1908. O fato levou a um ultimato da Áustria contra a Sérvia, o que provocou a mobilização russa e desencadeou o conflito europeu e, depois, as revoluções russas de 1917, assim como a intervenção norte-americana no mesmo ano, o fim das hostilidades, em 1918, e cerca de 20 milhões de mortos no total.

As potências europeias estavam em pé de guerra em 1914. A Alemanha tinha intenções de conquista ao norte; a França, em contrapartida, queria a Alsácia-Lorena. Ninguém imaginava uma guerra longa e generalizada, feita de batalhas de resultado incerto, como a batalha do Marne, em 1914, que impediu a invasão da França graças à estratégia do general Joffre e ao uso dos táxis parisienses para transportar tropas da capital para o campo de combate. A resistência de Verdun foi salvadora para a França, mas o fracasso da ofensiva do general Nivelle, em 1917, foi desastroso. Por fim, a intervenção americana e a utilização pela França dos primeiros tanques deram a vitória aos aliados.

O Tratado de Versalhes, destinado a assegurar uma paz durável, seria, contudo, uma das causas da Segunda Guerra Mundial, pois privou a Alemanha de territórios e de recursos econômicos.

A crise econômica mundial de 1929, desencadeada em Wall Street, totalmente inesperada, levou a Alemanha, primeira potência industrial da Europa, a enfrentar a devastação do desemprego massivo. Foi nessas condições que o pequeno partido nazista adquiriu uma importância parlamentar capaz de resultar, em 1933, na designação pelo presidente Hindenburg de Hitler como chanceler do Reich.

A Primeira Guerra Mundial foi a parteira de partidos únicos totalitários monopolizando todos os poderes, especialmente na URSS, onde o partido bolchevique, depois de eliminar anarquistas e socialistas revolucionários, tornou-se, de fato e de direito, o dirigente absoluto de tudo.

Hitler impôs a ditadura do seu partido eliminando todos os outros partidos da vida política.

Ao longo dos anos 1933-1939, o nazismo e o comunismo stalinista combateram-se de uma maneira que parecia irremediável, mas o pacto de Munique, em 1938, pelo qual a França e o Reino Unido deram liberdade para a Alemanha ocupar os montes Sudetos da Tchecoslováquia e depois toda a Tchecoslováquia, assim como o fracasso das negociações entre a URSS, a França e o Reino Unido (que em caso de invasão da Polônia pela Alemanha rejeitavam a entrada de armas soviéticas no território polonês), tudo isso desencadeou o surpreendente acontecimento que foi o Pacto Germano-Soviético de 1939, que reservava para a URSS uma parte da Polônia e continha cláusulas de ajuda econômica à Alemanha. Em consequência do acordo, Joseph Stalin entregou a Hitler os comunistas alemães que haviam se refugiado na URSS. Eles foram enviados diretamente para os campos de concentração.

Houve também um episódio surpreendente descrito pelo embaixador do Japão nas suas memórias. Durante a assinatura do Pacto Germano-Soviético entre Molotov e Ribbentrop, Stalin aproximou-se sorrateiramente do embaixador alemão (junto de quem se achava o embaixador do Japão) e murmurou: "Diga ao seu Führer que eu aprovo sua política em relação aos judeus".

Tudo parece indicar que o desconfiado Stalin confiava em Hitler. Ele desconsiderou as observações do seu espião no Japão, Richard Sorge, e também as de Churchill sobre a iminência de uma invasão hitlerista, e não tomou qualquer medida preventiva.

Pior, ele próprio decapitou o melhor do Exército Vermelho mandando executar o marechal Tukhachevsky e uma constelação de generais já em 1937. A URSS parecia condenada quando o exército hitlerista, fazendo milhões de prisioneiros, ocupando a Ucrânia, depois rumando para Moscou, esteve perto de tomar a capital. Mas a lama de outono e depois o gelo paralisaram as tropas alemãs às portas de Moscou.

Stalin nomeou o seu melhor general, Júkov, para comandar a frente de Moscou. Avisado pelo seu espião Sorge de que o Japão não invadiria a Sibéria, ele conseguiu deslocar secretamente as forças do Extremo Oriente para a frente de Moscou. Assim, Júkov pôde desencadear sua contraofensiva em 5 de dezembro; dois dias depois, o Japão atacava Pearl Harbor e empurrava os Estados Unidos para a guerra.

Em dois dias, o provável, a tomada de Moscou e a vitória nazista, tornou-se improvável e o improvável tornou-se provável: a URSS disporia a partir daí do apoio material e militar dos Estados Unidos.

Estrategicamente improvável foi a batalha de Stalingrado: a ofensiva alemã visava ao Cáucaso e ao seu petróleo. Stalingrado não estava no seu caminho, mas Hitler decidiu destinar uma parte do exército comandado por Paulus à tomada da cidade a fim de dar um golpe fatal na imagem de Stalin. Houve um feroz combate, de rua em rua, em que as forças alemãs ocupavam progressivamente a cidade, à exceção de uma faixa da costa do Volga, por onde, à noite, Kruschev atravessou as tropas.

O destino de Stalingrado foi jogado em duas frentes, o que permitiu às forças russas fechar um círculo e asfixiar as tropas de Paulus. Os combates duraram de julho de 1942 a fevereiro de 1943.

Foi uma batalha sangrenta e decisiva cujo interesse não era territorial, mas simbólico, ideológico e político.

Lições da História

A História carrega, sob a forma humana, as grandes forças cósmicas de união e desunião, concórdia e discórdia. As suas lições são decisivas.

Ela nos revela uma complexidade permanente nos seus avanços, retrocessos, retroações múltiplas e aparecimentos ininterruptos do inesperado ou do improvável.

Combina incessantemente e, às vezes, inseparavelmente a civilização e a barbárie. Na maior parte das vezes, é escravidão, servidão e dominação em conquistas e colonizações; raramente é emancipação e liberdade.

É progresso-retrocesso, transformação de desvios em tendências ou de tendências em desvios.

É evolução, involução, revolução.

Revela as incríveis façanhas dos Alexandres e a queda de grandes impérios que pareciam eternos e que nunca desapareceriam.

O papel do imaginário, do mito e da religião é nela enorme e permanente.

Incerta por natureza, só oferece certezas retrospectivas, depois do fato acontecido. É ordem, determinismo e acaso.

É criadora e destruidora.

Reveladora da genialidade e da estupidez.

Revela-nos todas as facetas da natureza humana, das mais sublimes às mais bárbaras.

A principal lição da História é que ela ilumina as diversas faces da humanidade, os diferentes comportamentos humanos, mas também a estreita combinação antropológica entre razão e loucura, técnica e mito.

Ela nos lembra que a humanidade sempre esteve e sempre estará em transformação.

Nota biográfica

Nascido em Paris, em 1921, Edgar Morin, cujo sobrenome verdadeiro é Nahoum, gosta de falar de sua identidade plural e define-se como "francês de origem judaica sefardita, parcialmente italiano e espanhol, amplamente mediterrâneo, europeu cultural".* Sefarditas originários de Tessalônica, seus pais falavam francês, usando entre eles o velho castelhano, cuja sonoridade impressionava o jovem Edgar. Criança de Ménilmontant, ele cresceu nessa Paris popular. Seu pai era dono de um mercadinho na rua d'Aboukir.

Órfão de mãe aos dez anos de idade, Edgar encontrou refúgio fora de casa e apaixonou-se por cinema, livros e teatro. É assim que, na escola, ele

---

* MORIN, Edgar. *Lições de um século de vida*. Rio de Janeiro: Bertrand Brasil, 2021, p. 9.

constrói sua identidade e aprende "suas verdades".*
Mesmo com uma graduação em direito, história e geografia, Edgar Morin considera-se, antes de tudo, um autodidata.

Abertamente antifascista já em 1936, apoia a Solidariedade Internacional Antifascista e adere ao Partido da Frente Nacional. Em 1942, entra na Resistência. É sob a Ocupação, já totalmente mergulhado na clandestinidade, que Edgar Nahoum adota o pseudônimo de Morin. Ele se junta então ao Movimento de Resistência dos Prisioneiros de Guerra e Deportados, mantendo-se ligado ao comitê central comunista; depois, no ano seguinte, torna-se oficial superior nas forças francesas combatentes. Na Libertação, desce a avenida Champs-Élysées nas pegadas do general Charles de Gaulle, agitando uma bandeira tricolor ao lado de companheiros de armas enlouquecidos de alegria. Pouco depois, seu amigo Dionys Mascolo consegue o repatriamento para a França do escritor Robert Antelme, preso em Dachau (Marguerite Duras relata esse episódio em *A dor*). Antelme escreveu um livro inesquecível sobre a experiência da deportação, *A espécie humana*.

* MORIN, *op cit.*, p. 20.

Edgar Morin passou a integrar o Estado-Maior do Primeiro Exército, na Alemanha, no começo de 1945. Depois, como membro do birô de propaganda do governo militar francês, circula na Alemanha ocupada e tira dessa experiência o seu primeiro livro, *O ano zero da Alemanha* (1946).

Pouco depois do final da guerra, a adesão do jovem escritor à causa comunista começa a patinar, até seu afastamento definitivo, em 1949. Na mesma época começa sua carreira de pesquisador. Em 1950, Edgar Morin entra para o CNRS e faz parte do Centro de Estudos Sociológicos dirigido por Georges Friedmann. Próximo de Claude Lefort, Roland Barthes e Maurice Merleau-Ponty, Morin cria várias revistas, entre as quais *Arguments* (com Barthes) e a *Revue française de sociologie* e *Communications*. Em meio a essas publicações é um dos primeiros intelectuais franceses a interessar-se pelos fenômenos culturais da modernidade, como a televisão, a canção popular ou ainda as vedetes do cinema. Colabora com a *Revue internationale de filmologie* e publica, em 1956, *Le Cinéma ou l'Homme imaginaire*. De 1973 a 1989, Edgar Morin assume a direção do Centro de Estudos de

Comunicação de Massa, que se tornará o Centro de Estudos Transdisciplinares.

Em paralelo, durante uma viagem à Califórnia, em 1969, ele se abre a novos campos de conhecimento, entre os quais a neurociência e a cibernética. A influência de Heinz von Foerster, um dos criadores da cibernética, será decisiva para a afirmação nele da preocupação em reformar o pensamento, que se manifestará em *O método*. Ao mesmo tempo, graças ao Relatório Meadows, ele descobre a ecologia, que será uma das preocupações de toda sua vida.

Aos poucos, sua vida intelectual, sempre universalista e transdisciplinar, vai se cristalizar em torno de uma obra caudalosa, *O método*, em seis volumes, publicada na editora Seuil de 1977 a 2004. Trinta anos de reflexão consagrados, com uma visão universalista digna dos enciclopedistas, ao mundo físico e à biologia, ao conhecimento e à epistemologia, à ética e a tudo que vive. Aparece nessas páginas o pensamento complexo da conjunção, por meio do conceito de "religação", que descreve a interdependência de todas as disciplinas do intelecto, dos seres humanos e do seu habitat.

Paralelamente, Edgar Morin desenvolve uma reflexão em torno de "uma comunidade de destino entre todos os seres humanos",* em *Terra-Pátria* (com Anne-Brigitte Kern: Seuil, 1993) e depois em *O ano I da era ecológica: a Terra depende do homem que depende da Terra* (2007).

Na editora Denoël desde 2020, o filósofo oferece uma faceta mais íntima de sua obra, compartilhando com os leitores sua experiência da covid em *É hora de mudarmos de via: as lições do coronavírus* (2020). Em seguida, retoma mais amplamente sua trajetória em *Lições de um século de vida* (2021). Desenvolve, na sequência, seu olhar sobre a França atual e sobre os novos desafios enfrentados pelas sociedades modernas numa coletânea de pequenos ensaios, *Despertemos!* (2022) e *Só um instante* (2023). Em 2024, tem-se um verdadeiro acontecimento literário: Edgar Morin descobre o original perdido por muito tempo do seu romance de juventude, *O ano perdeu a sua primavera*, que retrabalha e publica, tornando-se romancista estreante aos 102 anos de idade. No seu protagonista, Albert Mercier, reconhece-se o alter ego do jovem Edgar e seu amadurecimento intelectual e afetivo, da escola até a entrada na Resistência.

---

* MORIN, *op cit.*, p. 17.

Testemunha e ator de um século de história, Edgar Morin é um pensador universal. Apaixonada e fortemente pessoal, sua obra alerta sobre a importância da solidariedade e contrapõe as virtudes da educação aos perigos do comunitarismo e do individualismo. De 1946 até hoje, Edgar Morin soube construir uma obra polimorfa e prolífica, traduzida em cerca de cinquenta línguas. Doutor Honoris Causa de mais de quarenta universidades pelo mundo, condecorado com a grande cruz da Legião de Honra da França, Edgar Morin continua, antes de tudo, a ser um defensor ardente da dignidade humana, tão brilhante quanto humilde, olhando o mundo com atenção e perspicácia, quase sempre deliciosamente provocador, sempre humanista.

IMPRESSÃO:
PALLOTTI
GRÁFICA
Santa Maria - RS | Fone: (55) 3220.4500
www.graficapallotti.com.br